DE

LA CONCURRENCE

INDUSTRIELLE ET COMMERCIALE,

PAR I.-S. LEFEVRE,

IMPRIMEUR.

LA CONCURRENCE

INDUSTRIELLE ET COMMERCIALE,

PAR I.-S. LEFEVRE,
IMPRIMEUR.

ROUEN.

IMPRIMERIE DE I.-S. LEFEVRE,

SUCCESSEUR DE F. BAUDRY,

20, RUE DES CARMES.

M DCCC LX.

DE LA CONCURRENCE.

Les Dictionnaires nous donnent de la concurrence la définition qui suit : « C'est la prétention de plusieurs personnes à la même chose. » Prise, en effet, dans un sens aussi largement humain, la concurrence n'est que la mise en pratique du grand principe de l'égalité des hommes entre eux ; ils concourrent à la réalisation des mêmes choses en vertu de leurs droits et de leurs besoins égaux. On ne pourrait restreindre cette égalité sans porter atteinte à la liberté et à la fraternité, qui ne sont que deux autres faces du même principe. Ainsi donc, philosophiquement, et prise au point de vue le plus général, la concurrence est bonne et respectable, puisqu'elle n'est, en définitive, que la mise en action des droits égaux de tous à la satisfaction de leurs besoins.

Si maintenant, au lieu de s'en tenir au sens abstrait donné par les Dictionnaires, nous recherchons le sens pratique que le monde attache ordinairement à ce mot de concurrence, nous trouverons tout autre chose.

Voit-on un commerçant faire faillite, une industrie mourir dans l'abaissement des prix et la défiance des consommateurs toujours trompés ; voit-on encore des ouvriers sans travail, des marchandises encombrées sans acheteurs, des spéculations folles, des familles ruinées, etc., etc., on crie à la concurrence, qu'on accuse de tous ces maux. — Comment donc ? — Ce qui est vrai en théorie serait-il faux en pratique ? Le commerce et la philosophie donneraient-ils deux solutions opposées ? La liberté, l'égalité n'apporteraient-elles dans l'application que ruine et malheur ?

Nous espérons démontrer le contraire, et prouver qu'il n'y a rien dans tout ceci que la philosophie n'explique et dont elle ne comprenne bien les causes et les remèdes.

Il est bon, pour avoir des choses une idée claire, de les examiner dans le passé : ce n'est que là, en effet, qu'on peut découvrir à-la-fois les causes du présent et les germes de l'avenir. Déterminons donc en peu de mots l'histoire de la concurrence ; nous y trouverons peut-être et la raison de son état présent et les conditions légitimes de son existence future.

Éliminons d'abord toute étude de l'antiquité. Comme nous l'avons dit ailleurs, à cette époque le commerce n'existait pas, ou, s'il existait, c'était sous une forme toute différente de celle qu'il affecte aujourd'hui, et qui excluait toute idée de concurrence.

Le commerce, tel qu'il est maintenant, a ses racines dans le moyen-âge, et non plus loin ; c'est donc là seulement que nous devrons chercher le rôle que joua primitivement la concurrence et les institutions qu'elle rendit nécessaires.

La concurrence naquit nécessairement au moyen-âge, dès qu'il y eut des commerçants ; et cela, comme nous l'avons déjà dit, parce qu'elle est la manifestation inévitable de l'égalité humaine. Cependant elle commença par être très-faible, parce que la production ne trouvait alors en face d'elle qu'une consommation fort restreinte. On sait, en effet, que, hormis les cours, qui ne formaient, après tout, que des exceptions relativement aux masses des populations, le moyen-âge tout entier vivait sur un seul principe d'économie politique, l'abstinence. Les besoins de

consommation étaient à-peu-près restreints au nécessaire, et c'est là un pauvre aliment pour l'industrie et
un faible stimulant pour la concurrence.

Cependant, il faudrait se garder d'appliquer avec
trop de rigueur cette proposition générale. L'industrie était peu développée, il est vrai, mais enfin elle
existait, et la concurrence naissait à côté d'elle. Nous
n'en voulons pour preuve que les craintes de toute nature qu'inspira cette lutte naissante à nos prudents
ancêtres, et le réseau d'institutions sous lequel ils
parvinrent à la comprimer jusqu'en 1789. Aussi haut
que nous pouvons remonter dans le moyen-âge, et
même dans les derniers temps de l'empire romain,
nous trouvons des associations des producteurs entre
eux. Un peu plus tard, les corporations se sont tellement développées, qu'elles ont une organisation ré-
gulière, des usages qui les régissent, un véritable
droit coutumier.

Au xiiie siècle, Estienne Boileau écrit un livre sur
les coutumes et les lois des arts et métiers de Paris.
Ces lois variaient, du reste, suivant les villes et suivant les professions; mais le fonds commun était ce-
lui-ci : On ne pouvait exercer aucune industrie dans
les villes qu'après être devenu membre des corpora-

tions, en faisant ses preuves de capacité et en acqué-
rant une maîtrise. On était ensuite obligé de conserver
les usages et méthodes adoptés par la corporation.
Un conseil de syndics ou jurés, dont la charge s'ap-
pelait jurande, élus par la communauté, y exerçait
la police.

Les avantages d'un tel système étaient évidents :
d'abord, chaque corporation évitait, dans son sein,
les dangers de la concurrence, en ne recevant de
maîtres que juste ce qu'il en fallait pour que chacun
d'eux pût faire ses affaires. En second lieu, dans la
capacité exigée pour agréer des maîtres et même des
compagnons, les consommateurs trouvaient une garantie certaine de la bonne qualité des marchandises
qui leur seraient livrées ; garantie qui s'augmentait
encore, dans la plupart des corporations, par le droit
qu'avaient les syndics de saisir les marchandises con-
fectionnées avec négligence ou avec fraude, et de n'en
laisser vendre que de bonne.

Malheureusement, ces avantages étaient balancés
et au-delà par des inconvénients tellement importants
qu'ils arrêtaient invinciblement tout essor de l'industrie.

Les corporations, destinées primitivement à garantir la sûreté réciproque du producteur et du consommateur, n'avaient pas tardé à se transformer en un système jaloux d'oppression, au moyen duquel ceux qui étaient arrivés à la maîtrise cherchaient à en éloigner ceux qui voulaient y arriver à leur tour, ou ne les laissaient y parvenir qu'à force d'argent. C'était déjà une atteinte grave à ce principe sacré qui veut que chaque homme puisse librement travailler et vivre de ses bras.

Mais ce n'était pas tout. Non-seulement on repoussait ceux qui voulaient devenir maîtres, mais encore les maîtres eux-mêmes tenaient si bien, par leur union, les travailleurs sous leur dépendance, que ceux-ci ne pouvaient plus avoir ni volonté ni liberté. Au moindre signe, les maîtres, en coalition permanente, pouvaient suspendre tous les travaux, et réduire ainsi, par la famine, les ouvriers à une complète obéissance. Ces malheureux n'avaient plus alors pour dernier recours que la force brutale ; et l'on sait quels périls on court quand on ne laisse aux masses que cette terrible alternative.

Cependant, il faut le dire, les mœurs quasi-patriarchales des bourgeois au moyen-âge tempérèrent beaucoup ce danger, et bien qu'en théorie les ouvriers fussent plus à la merci des maîtres, en fait, ils étaient moins misérables qu'ils ne le sont devenus depuis le règne de la liberté commerciale. Leur profonde misère était moins alors dans le manque de pain que dans la presqu'impossibilité de sortir de leur condition et de devenir maîtres à leur tour. Les maîtres avaient élevé entre eux et leurs ouvriers les mêmes barrières qui existaient entre la noblesse et la bourgeoisie.

Tels étaient les inconvénients de ce système à l'égard des ouvriers.

Nous allons voir qu'ils n'étaient pas moindres à l'égard des consommateurs et des progrès de l'industrie elle-même.

D'abord, les corporations qui, dans le principe, avaient tâché de garantir aux consommateurs la bonne qualité des marchandises, avaient fini, au contraire, par protéger des abus de toutes sortes qui s'étaient glissés soit dans la fabrication, soit dans le commerce. Ces abus étaient devenus des usages, des lois, que chaque corporation faisait respecter avec soin, et qui, en définitive, n'avaient qu'un but : vendre les choses plus cher qu'elles ne valaient. La même raison faisait proscrire avec colère toute industrie nouvelle, tout progrès, toute simplification dans les procédés de fabrication, qui auraient tendu à abaisser les prix et à procurer de l'économie aux acheteurs. Le plus souvent même, il suffisait au progrès de sa qualité de changement pour être repoussé sans examen par l'esprit de routine qui présidait à toutes les corporations.

Enfin, un dernier inconvénient de ce système, c'est qu'en associant isolément tous les intérêts particuliers, il leur donnait trop de force, et ils ne cédaient plus sans résistance et sans commotion quand l'intérêt général leur demandait des sacrifices nécessaires.

On le voit, ces inconvénients, fruits du temps, de l'égoïsme et de la cupidité des hommes, devenus plus odieux encore par leur teinte féodale, rendaient impossible le progrès de l'industrie et de la société elle-même, sans la destruction complète du système des corporations.

Le xviiiᵉ siècle tout entier l'attaqua avec fureur : les philosophes au nom de l'égalité humaine, les économistes au nom des consommateurs, tous au nom des lumières et du progrès. Ce fut alors qu'Adam Smith jeta les fondements de cette école célèbre qui avait pour mot de ralliement : *laissez faire, laissez passer.*

Après avoir long-temps remué le monde des idées, la réforme commença, vers 1776, à s'introduire dans les faits. Turgot, à son avénement au ministère, fit rendre un édit qui supprimait les corporations, maîtrises et jurandes. Pour apprécier l'esprit qui le dictait, il suffira de citer ces belles et substantielles paroles qui se trouvaient en tête :

« Dieu, en donnant à l'homme des besoins, en lui
» rendant nécessaire la ressource du travail, a fait du
» droit de travailler la propriété de tout homme ; et
» cette propriété est la première, la plus sacrée et la
» plus imprescriptible de toutes. Si le souverain doit à
» tous ses sujets de leur assurer la jouissance pleine et
» entière de leurs droits, il doit surtout cette protec-
» tion à cette classe d'hommes qui, n'ayant de pro-
» priété que celle de leur travail et de leur industrie,
» ont d'autant plus le besoin d'employer, dans toute
» leur étendue, les seules ressources qu'ils aient pour
» subsister. »

Cet édit bienfaisant fut rapporté par les ministères suivants, et ce ne fut qu'en 1789 que l'Assemblée Nationale décréta l'abolition définitive des corporations.

La réaction contre ce système d'entraves se fit brus-
quement sentir, et, dès 1789, nous entrons sans tran-
sition dans la liberté commerciale sans frein et sans
limite, telle qu'elle existe aujourd'hui.

Ne soyons pas injustes : les avantages de ce changement furent immenses. La liberté, c'est la vie. L'in-
fusion de la liberté dans le commerce mit pour ainsi
dire dans ses veines un sang jeune et vif qui lui donna
une vigueur jusqu'alors inconnue. L'industrie a subi
depuis cette époque une rénovation universelle; la
production et la consommation ont décuplé partout.
La mécanique a fait un pas énorme; le perfectionne-
ment des produits n'a pas été moindre que celui des
instruments. Le monde commercial tout entier est re-
nouvelé jusque dans ses plus intimes profondeurs. Du
côté politique, la bourgeoisie, toujours ouverte au
prolétariat, profite de ce rajeunissement perpétuel. Le
prolétaire n'est plus indéfiniment acculé dans sa misère; il a d'autres ressources que dans le soulèvement:
l'espérance lui est enfin donnée.

On ne peut en douter, l'avénement de la liberté dans
le commerce et l'industrie a fait faire un grand pas
dans le progrès. D'où vient donc qu'aujourd'hui cette
liberté sans limite semble fatale et ruineuse ? D'où

vient que le commerce semble frappé mortellement dans tous ses éléments essentiels ?

Tout cela vient de deux causes. La première, c'est que l'homme est imparfait, et qu'à côté de l'usage il place toujours l'abus. La liberté, nous l'avons assez vu de nos jours, dans tant d'autres occasions, la liberté, qui ne devrait être que l'action sans entraves de la raison humaine, est fort souvent aussi le développement de la licence et des passions viles. Que ne doit-on pas redouter de ses égarements dans un temps comme le nôtre, où manque tout lien moral, où les hommes n'ont d'autre idéal et d'autres passions que d'arriver en quelques années, que dis-je? en quelques mois, à une fortune princière et à un luxe inoui!

Loin de nous la pensée de louer le passé aux dépens du présent! mais il est bien certain qu'à aucune autre époque l'homme n'a supporté avec autant d'impatience les positions obscures qui lui sont assignées par le sort, et ne s'est lancé avec plus de fureur, pour en sortir avec éclat, dans les spéculations les plus déréglées.

Cette âpre soif des jouissances et du gain, qui se déploie de nos jours comme l'histoire ne l'avait pas encore vu, tient à des causes d'un autre ordre et qui nous entraîneraient à des développements philosophiques en dehors de notre sujet. Le malheur de la liberté commerciale est de s'être rencontré, dès sa naissance, avec cette stérile et sombre passion, d'avoir servi de théâtre à ce jeu effréné. Mais cette raison n'est pas la seule qui cause parmi nous les désastres de la concurrence. Il en est une autre plus générale, plus profonde, et qui, en même temps, comprend la première et l'explique.

Comme nous l'avons dit en commençant, la philosophie nous montre l'homme comme étant toujours et partout l'égal de l'homme, et comme ayant, par conséquent, toujours et partout les mêmes droits et la même liberté d'action. Nous avons même déduit de cette proposition incontestable la légitimité de la concurrence. Cependant, il est une distinction à faire : c'est que les hommes ne sont égaux qu'en tant que semblables, en tant que membres d'une même société, en tant que frères. Cette distinction peut paraître à-la-fois subtile, naïve, niaise même ; cependant, il a fallu bien des luttes, bien du sang et bien des travaux avant que l'humanité ne l'adoptât, car elle ne contient rien moins que le christianisme.

Oui, l'homme n'est vraiment libre, vraiment l'égal

de l'homme, qu'en tant qu'il est son frère. Dès qu'il l'oublie, dès qu'il se croit seul ici-bas et qu'il n'agit que pour lui seul, il fausse la liberté et ne lui fait plus produire ses effets légitimes. La liberté est juste et sainte, parce que l'homme est une intelligence et non une machine; mais elle se dépouille de ces deux attributs dès qu'elle n'est plus guidée par le sentiment de la fraternité. Le christianisme a déjà établi ces vérités, mais seulement dans l'ordre moral; il leur reste à pénétrer dans l'ordre social.

L'homme agissant pour lui sans songer aux autres, l'égoïsme, voilà la plaie du monde moderne, et cette plaie a pénétré si profondément, que l'homme ne sait plus se rapprocher et se servir des autres même pour son bien-être personnel. Il lui répugne de s'associer, même pour son intérêt; il préfère le sacrifier à son orgueil et à sa jalousie.

On pourrait facilement, sinon justifier, au moins expliquer cet état, qui est la cause véritable de nos maux actuels; on pourrait montrer comment le lien et la religion de l'avenir doivent être l'exploitation du globe par les hommes pacifiquement associés au nom de la liberté, de l'égalité et de la fraternité, et comment entre ce passé et cet avenir devait se trouver un instant d'anarchie où l'homme, maudissant tout lien en haine de l'esclavage passé, fort de sa révolte, userait avec haine et colère de la liberté récemment acquise. Mais ce seraient matières métaphysiques qui demanderaient de trop longs développements.

Nous voulions seulement prouver qu'encore ici la théorie n'était pas en désaccord avec la pratique, et que le fait ne venait pas détruire les propositions avancées par la philosophie.

Mais en indiquant une cause si générale et si vague aux maux de la concurrence, est-ce à dire que nous la croyons sans remède pour le présent? Faut-il, en attendant que les idées soient mûres, qu'un autre idéal ait apparu sur le monde, et que, pour tout dire en un mot, l'humanité marche au nom d'une religion nouvelle, faut-il baisser la tête et souffrir en silence? Non. L'imperfection humaine ne consiste que dans l'impossibilité où est l'homme d'arriver au bien autrement que par des efforts successifs; mais ces efforts il faut les faire. Tout progrès est compté, même le plus petit. C'est pourquoi on ne doit jamais se lasser ni se contenter de s'être fait un idéal et d'avoir une foi ferme dans l'avenir, fermer les yeux sur le présent et ne chercher dans le réel aucun remède à ses maux.

Le remède actuel et efficace aux maux de la concurrence, M. De Sismondi a cru le trouver dans le retour aux anciennes corporations ; mais ce moyen est tout simplement impossible. Outre que jamais, quelques efforts qu'on fasse, on ne peut parvenir à ressusciter le passé, ce système a, comme nous l'avons vu, une foule de dangers qui dépasseraient de beaucoup le profit que tirerait la société de sa remise en vigueur. Nous n'avons pas même besoin d'insister pour le faire comprendre ; nous ne pourrions que répéter ce que nous avons dit plus haut.

D'autres remèdes ont été successivement mis en avant. Saint-Simon a proposé l'union de la société dans la hiérarchie, Fourrier l'association absolue dans la commune ; mais ces deux magnifiques systèmes, outre plusieurs défauts, ont, en première ligne, ceux de manquer de pratique, et d'être trop loin de nous, l'un dans le passé [1], l'autre dans l'avenir. Le monde, en attendant la réforme désirée, s'en tient au *laissez faire, laissez passer* de la concurrence absolue ; et cependant, il serait temps de mettre un terme à cette désastreuse

----

[1] Nous croyons retrouver dans la hiérarchie de Saint-Simon quelque chose des castes de l'antiquité.

course au clocher qui, à la longue, nous ruinera tous.

Avons-nous besoin de vous énumérer un à un les maux qui naissent de cette affreuse lutte. Nous ne les avons, hélas ! que trop sous les yeux ! Les petits producteurs écrasés par les grands, les grands se perdant par des spéculations insensées ; et, comme moindres résultats, l'abaissement des salaires réduisant les ouvriers à la misère, la détérioration des produits, l'avilissement des prix, la fraude envers les acheteurs, le discrédit de notre commerce à l'étranger, voilà les plus clairs effets de la concurrence.

Il faut donc sortir à tout prix de cet état de choses, et, pour en trouver les moyens, il ne suffit pas de s'arrêter à la spéculation métaphysique, il faut travailler dans la pratique et dans la réalité.

En conséquence, le premier principe à établir, c'est qu'il n'est pas vrai, comme Say l'a soutenu [1], que tout gouvernement soit un ulcère. Le gouvernement, quand il est bien en rapport avec la nation, n'est plus autre chose que le représentant de la raison publique

---

[1] *Recherches sur la nature et les causes de la richesse des nations.*

et des intérêts généraux. A ce titre, il a le droit le plus légitime d'intervenir dans les intérêts particuliers. Une fois cette vérité admise, il sera possible de réformer les abus commerciaux. L'association des intérêts particuliers pourra se former, quand il sera bien convenu que le gouvernement aura droit de la présider et de la guider. La société elle-même servira ainsi d'intermédiaire à la concurrence de toutes ses parties, et, au lieu de la guerre, elle y introduira la paix et l'harmonie.

Ce sont les anciennes corporations, mais avec cette différence immense que le gouvernement est au centre, qui veille et qui protège les intérêts de tous. En effet, nous avons vu que les défauts de ces corporations se résumaient en un seul, l'isolement, l'égoïsme. Ici, plus rien de tel ; tout est lié à la société elle-même. La loi règle les rapports des maîtres et des ouvriers, des maîtres entre eux, des producteurs et des consommateurs ; l'état se porte garant de la bonne qualité des produits exportés.

La loi du 22 germinal an XI, qui prévoit et punit toutes les coalitions, soit entre les maîtres, soit entre les ouvriers, est évidemment concue dans cet esprit ;

mais elle est fort insuffisante, car les maîtres n'ont, pour la violer impunément, qu'à abaisser les salaires l'un après l'autre et chacun de leur côté. Au moyen de cette ruse facile, les ouvriers restent sans protection. Pourquoi, par une extension de la juridiction des prud'hommes, des citoyens éclairés et investis de la confiance publique ne seraient-ils pas appelés par la loi à régler cette question si souvent inique des salaires? On aura beau dire, personne ne croira jamais que le maître et l'ouvrier traitent sur le pied de l'égalité. A l'ouvrier qui refuse les réductions de salaire d'un maître succèdent vingt ouvriers nécessiteux qui accèdent non-seulement à ces propositions, mais auxquels une misère consécutive fait encore une loi de subir un nouvel abaissement de salaire, si le maître l'exige.

Pourquoi, aussi, n'y aurait-il pas pour chaque profession des chambres du conseil, comme nous le voyons pour les avoués et les notaires? Et pourquoi ces chambres, surveillées avec soin par le gouvernement dans l'intérêt de tous, ne mettraient-elles pas un frein et à l'imprudence de ceux qui veulent s'établir ou sans les moyens nécessaires, ou sans un espoir raisonnable de réussir autrement qu'en nuisant à ceux qui déjà sont établis , et à la fraude de ceux qui tentent ou soutiennent la concurrence en trompant l'acheteur , et à l'avilissement des prix , etc., etc. ?

Mais nous ne sommes pas ici devant une assemblée de législateurs ; qu'il nous suffise donc de résumer ce que nous voulons dire en peu de mots : La réforme commerciale à souhaiter serait, selon nous, l'association organisée et surveillée par la loi.

ROUEN.

IMPRIMERIE DE L.-S. LEFEVRE,

SUCCESSEUR DE F. BAUDRY,

20, RUE DES CARMES.

M DCCC LX.